Udo Houben

hier ist niemals dort

Gedichte

MIX
Papier aus verantwortungsvollen Quellen
Paper from responsible sources
FSC® C105338

Udo Houben

hier ist niemals dort

Gedichte

Zeichnungen von Adam Michnia

LICHTpunkte Band 141

2. Auflage 2021

TRIGA
Der Verlag

Bibliografische Information der Deutschen Nationalbibliothek
Die Deutsche Nationalbibliothek verzeichnet diese Publikation in der Deutschen Nationalbibliografie; detaillierte bibliografische Daten sind im Internet über http://dnb.d-nb.de abrufbar.

2. Auflage 2021

Herstellung: TRIGA – Der Verlag UG (haftungsbeschränkt), GF: Christina Schmitt
Leipziger Straße 2, 63571 Gelnhausen-Roth
www.triga-der-verlag.de, E-Mail: triga@triga-der-verlag.de

Druck: Books on Demand GmbH, Norderstedt
Printed in Germany

ISBN 978-3-95828-279-7

»Alles, was man sagt,
ist nichts als Wiederholung,
denn alles Sagenswerte ist schon gesagt.«

Aus einem Altägyptischen Gedicht
(19. Jh. v. Chr.)

»Eigentlich könnte jedes
Gedicht ›Augenblick‹ heißen.«

Wisława Szymborska

I

glasperlenspiel

kopf hoch
kleines röschen

lass den kopf
nicht hängen
hagelkörner
beulten deine
roten blüten
weiße perlen
hängen aufgespiesst
an den dornen
gleich scheint
die sonne und
du strahlst im
neuen glanz

kopf hoch
kleines röschen

tief nordwest

der sturm fegte über das meer
erreichte das land
sprang über den deich
riss die segelboote von den leinen
und trieb sie auf den sielen landwärts
bäume widersetzten sich
und hielten stand

»leise die hand hinhalten«

für Hilde Domin

»meine hand greift
nach einem halt und findet
nur eine rose als stütze«

lange war
die rose eine stütze
bis die dornen
spitz geworden

ich pflanzte ihr
eine blaue blume

ihre rose ist verblüht

fein verästelt

mit dem wind schwingen
bunte birkenschleier

goldgelbe blätter
lösen sich im tanz

sichtbar wird der
weiße birkenstamm

schwalbenflug

elegant fliegen schwalben
über wiesen und felder
sie steigen auf
jagen himmelwärts
lassen sich fallen
der volksmund sagt
morgen gibt es regen
die sonne blinzelt lichtvergnügt

sommergewitter

hagelkörner fallen aufs glasdach
rutschen über die regenrinne ins gras
schlagen auf
überschlagen sich
regenwürmer ducken sich
sie wollen nur von vögeln
gefressen werden

eintagsfliege

lass sie summen
lass sie fliegen
sie fliegt nur einen tag

öffne tür und fenster
lass sie enden
wo sie mag

aufgewacht

errötend steigt die sonne
in den frühen morgen
die amsel singt
noch etwas müde
bevor ihr gesang betört

flussabwärts

die abendsonne verfing sich
in den ästen
blattlos kahl
die nacht befreite sie und
ließ sie untergehen

nur erinnerungen

die sehnsucht gab
die hoffnung auf
die ferne tat nicht weh
das segelschiff
lag vor anker
das ruder festgezurrt

II

äußerst

er erschoss sich am see
sie verbrannte im bett
er sprang von der brücke

sie lebte im altersheim
und schrieb mit zittriger hand
*»der traum hat offene augen«**

* Rose Ausländer

nahebei

für Karl-Heinz Krügel

dein körper
dein geist
doppelt gebeugt
unter der last
vergangener tage

dem raben hast du
dich anvertraut
nicht der nachtigall

angelehnt an der esche
stehst du im schatten
unberührt von der sonne

tritt aus dem wald ins licht
die dunkelheit
weis ab
von dir

schriftgelehrte

akribisch
zeile für zeile
betrachten sie wort für wort
zerlegen silbe für silbe
wenden sie in alle
himmelsrichtungen
doch die wahrheitslüge
finden sie nicht
unnahbar der horizont

immergrüner lorbeerkranz

die musen inspirieren
nicht mehr die poeten
kalliope und thaleia schweigen
ihr vater zeus lebt hinter den wolken

nur erato lässt nicht locker
und verlässt sich auf den
kleinen cupido ohne flügel
der kleine mag die dichter

und lässt sie träumen

der blinde seher

mythen verschwanden
aus den liedern

ohne götter
tastet der greise seher
sich vorwärts

endlich sein augenlicht

suchsinn

du suchst
was du auch suchst
du wirst es nicht finden
du gibst nicht auf
du kannst von der
suche nicht lassen
der sinn liegt hinter
der sinnlosigkeit
verborgen

gelb mit schwarzem punkt

er sprang ins gedicht
verirrte sich im gestrüpp
die schwarze susanne
windet sich empor
sie wuchs über sich hinaus

verspiegelt

viele wirklichkeiten
umgeben mich

welche wirklichkeit
bin ich
fragst du

du wirst es wissen
wenn der spiegel bricht

es ist kompliziert

wissen auf wissen
verbaut der turm
im neuen babylon

neu ist die strafe
mehr zu wissen macht
die welt kompliziert

der mensch ist verwirrt
irrtümer erkennt er zu spät
die götter halten sich raus

III

judith und bethsabee und salome

sie fassten sich an den händen
tanzten und schnurrten
um david den großen florentiner
sie warfen ihm kusshände zu
er schaute voraus
blickte sie nicht an
er blieb standhaft
wütend zerbröselten sie sein gemächt
bestäubt badeten sie im arno und
verloren ihre jungfräulichkeit

traumschön

ihr anmutiges lächeln
schwebte vor ihm her
er winkte ihr fröhlich zu

doch er folgte ihr nicht

er blieb in seinem paradies
und träumte unter
einem birnenbaum

rätselhaft offen

ein morbides kindfrauengesicht
irrlichtert vor seinen augen
sag wer ist sie
die so alt wie jung ist

die kniende*

die hand hält
ihre blöße bedeckt

sie verharrt
sie hört

ihr finger zeigt
dem wort den weg
zum ohr
mir zugewandt

schützend das knie
die linke hand weist…

steht sie auf
bin ich fort

ihr kopf wendet sich ab
anmutig und stolz

* Skulptur von Wilhelm Lehmbruck

immaculata

maria maienkönigin

ewig jung
immer schön
alterslos

frauen pilgern gern zu dir
sie verfallen deinem
charme und jugendwahn

frauen verzeihen dir
wenn auch ein
bisschen neidisch

ewig jung
immer schön
alterslos

maria lilienweiß

hot pants

in der sandwüste wurde
ein mädchen gesichtet
mit nackten beinen

der arabische staat
geriet in aufruhr
die männer in wallung

die wüste wurde abgeriegelt
beschützt mit einer schwarzen abaya
allah lächelte über die junge eva

entrückt

stille
regungslos hockt
die kleine nonnenfrau
vor dem altärchen

stille
eingehüllt in ihrem
kleidhabit ist sie beschützt
vor weltlichen blicken

stille
sie spricht mit dem herrn
in erwartung –
nur er kennt die stunde

pantomime im tiergarten

die fremde auf einem
sockel aus holz schaute
konzentriert abweisend

türkis ihr langes gewand
türkis ihr kopftuch
türkis geschminkt ihr gesicht

plötzlich schwang ihr rechter arm
ein langes schwert ohne scheide
es zerschnitt die blutleere luft

ihr oberkörper knickte nach vorn
ihre linke hand öffnete sich
sie lächelte unerkannt

schweigsamer junge

er sitzt da und schweigt
er macht den mund nicht auf
und schaut mich an

ich werde ihm wörter holen
sobald er den mund bewegt

er steht auf und geht zur tür
er wirft einen blick zurück über die schulter
ein wortloses zeichen

IV

film ab : mimikry

fernsehmädchen müssen zickig sein
sie jaulen meckern schreien
springen auf bei tisch
stampfen mit den füßen

werfen zurück ihr langes haar
rennen in ihr kinderzimmer
schlagen heftig zu die tür
werfen sich aufs bett

umschlingen ihren kuschelbär
weinen tiefen schmerz
unter ihrer armbeuge
[die achselhöhle glatt rasiert]

blinzeln sie
schon ein wenig listig
um zu sehen
ob ihr auftritt wirkung zeigt

smartphone

einer spielt
blitzschnell auf der tastatur
eine liest e-book
einer hört vokabeln
eine bewegt den kopf zur musik
ein anderer bewegt die füße zum takt
eine schläft mit knöpfen in den ohren
weiße schnüre baumeln am gerät
einer schreibt eine s m s
alle schauen auf sich herab
keiner schaut auf
alles ist stumm
augen und ohren
werden betreut
nächster halt ist…
ausstieg links
in fahrtrichtung

HALT

baumhütte

schlaf mein junge schlaf

er floh vor den menschen
die ihn quälten
er lebte in bäumen
bis der tod ihn aus
den zweigen holte

schlaf mein junge schlaf

ein kleiner hiob

er nahm kontakt
mit seiner kindheit auf
als kind war er
ein kleiner hiob

am offenen fenster
bei dunkler nacht
japste er fragen
warf sie hinaus

der atem reichte nur
für stummen protest
für verstümmelte wörter
für sinnlosigkeiten

neu erzählt

glatzkopf glatzkopf
rufen die kinder von oben herab
der glatzköpfige guckt hinauf
winkt sie herbei und erzählt ihnen
*die geschichte von den zwei bären**
ohne argwohn hörten die kinder zu
und laufen lachend davon

* 2 Kön 2,24

femen im dom

ach wie geil ist das denn

sie protestiert mit
blanken brüsten
auf dem hochaltar

»I am god!« steht
auf bauch und busen

gelassen verfolgen
die säulenheiligen
das mysterienspiel

unfassbares leid

im land der begrenzten
möglichkeiten ist nur
die freiheit grenzenlos
menschen zu erschießen

er ritt gegen westen
und erschoss aus dem
dreißigsten stockwerk
sechzig menschen wahllos

bevor er selbst ohne sattel
in die ewigen jagdgründe floh
›God bless America‹
das war's

willst du

willst du märtyrerin werden
*flüsterte der präsident**
ins ohr des mädchens

8 jahre alt
es weinte

die schlange zischelte
wenn du fällst
wirst du mit einer fahne
zugedeckt

bereit für alles
richtig ?

das mädchen weinte
und zertrat
der schlange den kopf

*Rheinische Post vom 26.2.2018

steiniger wüstensand

ein jude und ein christ trafen sich
am brennenden dornbusch
herr riefen sie im duett
wen liebst du mehr
den da oder den
(sie kannten sich nicht mit namen)

regen fiel vom himmel
der brand erlosch
wind kam auf
sand wehte ihnen in die augen
hand in hand rannten
die beiden durch die wüste

V

erspäht ihn

»bringt mir den schönen
*der stets entflieht« **

ich trage geschmeide
er übersieht mich
ich trage seidene kleider
er beachtet mich nicht

ihr musen die ihr mir
wohlgesonnen seid
schickt mir verse
um den geliebten mit
worten zu betören

»bringt mir den schönen
der stets entflieht«

* Omar Chajjan, Persien, 11. Jhd.

zeitmitte

er saß ihr gegemüber
sie lächelte verträumt
er ruderte
stark ruderte er vorwärts
die zukunft im rücken
ruhig glitt das boot dahin
ihre füße hielten kontakt

vorbei

sie drängte ihn
sie sprang ihn an
ihre lippen schnappten
nach seinem mund

er hatte keine lust
auf ihren schoß
wütend ließ sie von ihm ab
zickte durch die wohnung

saß heulend in der
hintersten ecke
erbärmlich
kindlich schön

da stand er schon
unten an der
haltestelle

frei von absichten

schwarze strümpfe trug sie
und ein schwarzes kleid
ihr schwarzes haar leicht

mit einem tuch bedeckt

die schönen künste
der verführung gab
sie noch nicht preis

der schattenmann

mein herz pochte
ich lief ihm entgegen
immer schneller
er reichte mir die hand
zog mich herüber
der schatten blieb zurück

verwirrend

er stand vor dem schultor
das mädchen lebte seine reize
es war nicht so gemeint

der junge brannte lichterloh
er träumte noch bis
zur sechsten stunde

bittersüße jugend

paul fahr zügig
fahr schnell
stark bist du
siehst du dort
erlkönig stehen

paulinchen es ist
eine birke im weißen gewand
sie tänzelt im scheinwerferlicht
das auto zerschellte

paul und paulinchen
liegen am straßenrand
ihre augen geöffnet – weit
den blicken entzogen

da steht sie weiblich schlank

blau beschuht
blau bestrumpft
steht sie da
drei meter vor der kirchenwand
asketisch unbeweglich fromm

ihre miene bittersüß
lehnt sie ab den friedensgruß
und bleibt unberührt

unauffällig festen schrittes
geht sie durchs portal
sie schaut sich nicht um
sie ist nicht frau lot

fremd gehen oder
lob auf die frauen

»das ist heiligkeit,
die aus liebe alles vergibt« *
sprach der vorsitzende aus rom
die männer hörten es gern

ihren frauen danken sie es
mit einem goldkreuzkettchen
dazu beugen diese ihren kopf –
sie verwünschen den mann in rom

p.s. der vorsitzende weiß um
die fleischeslust der männer

* Stuttgarter Nachrichten 16.6.2018

nach der kur

grau geworden
reiste die liebe
in die reha

falten und narben
wurden sorgfältig
behandelt

beschwingt
kehrte die liebe zurück –
sie blieb unerkannt

erinnerung einer witwe

wohlbehütet steht
das minnekästchen
(geziert mit intarsien)
auf meiner kredenz

mein liebster schenkte
es mir zum hochzeitstag

verborgen geheimnisvoll
ruht im minnekästchen
unser liebesglück

ein hauch von ewigkeit

umkränzt mit sonnenblumen
stand die urne auf dem podest

als die worte erklangen
›engel werden dich
geleiten und trösten‹

stieg ein wölkchen auf
aus dem gefäß

ohne hast

eva ging den aufrechten gang
und pflückte den unreifen apfel
warum sollte sie erkennen
was schon längst entschieden war

sie spielte mit
(wie später ihre schwester maria)
sie ließ adam in den apfel beißen
endlich nackt eilten
sie hand in hand aus dem garten

ich kannte sie

sie standen vor dem schaufenster
eines modernen modehauses
beide untergehakt
schon betagt
lass mich ein wenig träumen

weißt du noch
es war im frühsommer
wir saßen in den rheinwiesen
und du sagtest zu mir
dein kleid ist wunderschön

lass mich noch ein wenig träumen
ich störte nicht und ging vorüber

selig kreisend

es eilt die seele
selig dahin
körperlos
atemfrei
glühwürmchen
am horizont

VI

›tor zur ewigkeit‹ *

beim durchschreiten
gibt es sündenerlass

er stand vor dem tor
ein wächter hatte den
schwarzen stein
aufgestoßen

das tor blieb geöffnet
ein jeder konnte einen blick
in die ewigkeit werfen

gedränge gab es nicht

* Klaus Rinke, Tor zur Ewigkeit
in Pax Christi, Krefeld

wie oft noch

für Kurt Tucholsky

bevor der deutsche das leben genießt
liest er sorgfältig den beipackzettel
ob darin nicht zu lesen ist
die welt geht morgen unter

urlaubsende

der liegestuhl stand auf
klappte zusammen
stellte sich in den schupppen
endlich frei

frag den frommen

ich bin kein psalmist
kein hiob
nicht attar aus nischapur

ich fragte den frommen
er glaubt
dass DU bist
auch wenn DU nicht bist
er braucht DICH

er verzagt nicht in bitterer not
er versteht ohne zu verstehen

grundlos ist sein leid
lammfromm ist er
nimmt alles hin

schweig
anworten gibt es nicht

von weit her

wünsche verflogen

flüchtlinge kamen übers meer
ins gelobte land und leben
in zelten und baracken

träume schwanden

körbe und taschen mit
brot und spielen wurden gereicht
alle wurden satt

utopien zersprangen

flüchtlinge fragen verzweifelt
wo ist das land
in dem milch und honig fließen

der widder läuft frei herum

»kinder töten ist eine schwere verfehlung« [1]
zornig setzte sich der palästinensiche Vater
über das gesetz des korans hinweg

seine füße wirbelten staub auf
dem israelischen soldaten rief er zu
dies ist mein vierjähriger sohn
erschieß den kleinen jungen

töte ihn
schieß
worauf wartest du

der vater stieß den jungen von sich
der soldat reichte dem jungen die hand
der junge klatschte ab

»am tage des gerichts sind
eigene kinder völlig bedeutungslos« [2]
der vater hatte vor der Zeit
das gericht vollziehen wollen

er floh in die wüste
er hatte allah versucht
»streck deine hand nicht gegen den jungen« [3]

der soldat nahm den
jungen in obhut

[1] sure 17,31
[2] sure 60,3
[3] Ex 22,12

Palästinensicher Vater fordert Soldaten auf, Sohn zu erschießen, in: Newsletter der israelischen Botschaft, Berlin August 2016

beklemmend

atemnot
immer
wieder
aufstehen
atemnot

ein neuer schöpfungstag oder erschaffen was es nicht gibt

I

jahwe und aschera
ein götterpaar unvergleichlich
entzogen ihren erfindern
die schrifterlaubnis
ihre herrschaft ist einzigartig
sie blieben kinderlos
streng kontrollieren sie jeden
tempelbezirk auf dass nicht neue
götter geschrieben werden
und so geschah es

II

jahrhunderte später
die neuen tempeldiener
kannten nicht das schreibverbot und
enthronten aschera und ersetzten sie
durch eine irdische schönheit
sie nannten sie maria
jahrhunderte später wurde ihr ein
platz neben jahwe zugewiesen
die tempeldiener unterliegen der zensur
auf das nicht ein neues
götterpaar geschrieben werde
und es geschah so

III

so wird es wieder geschehen

nicht hängen lassen

er hängt am kreuz *

er ist nackt
sehr nackt
ein menschenmann
unbedeckt ist seine scham

es ist vollbracht
nehmt ihn ab vom kreuz

wen kümmert's

* Gemälde »Karfreitag 1300«
von Michael Triegel

flucht aus ägypten am 24.11.2017 oder: es gibt kein warum

in der wüste sinai sterben
durch ein attentat 300 menschen
über 100 menschen wurden verletzt
sie beteten zu allah in der moschee
des wüstenortes bir al-arisch

»selig sind die toten«

der chor singt in der kirche
das »deutsche requiem«
angefeuert von orgel und pauke
selig klingt ihr jubelschrei
die pauke knallt töne
ins kirchenschiff
das gewölbe hält stand
die säulen zittern

»selig sind, die da leid tragen«

vertrocknet snd die flüsse
die zisternen leer
wüstenhunde streunen
sand ist verweht

»das gras ist verdorret«

gottheiten sind eingeladen
doch ihre augen geblendet
wer hatte ihnen sand
in die augen gestreut

»wie lieblich sind deine wohnungen«
vor dem kirchenportal
genießen menschen auf dem
weihnachtsmarkt bei rotweinduft
fröhliche stunden unterm sternenzelt

»euer herz soll sich freuen« *

der sand der wüste
weht ein dichtes leichentuch
»denn wir haben hie keine statt«

die cousine starb in der früh

* Zitate aus:
J. Brahms, Ein deutsches Requiem

graue stelen holocaust

vorsichtig lehnte ich das ohr
an den grauen stein

vestummt der schrei
verstummt die asche
versteinert adonai

stumm die gräber
todesstille

grau der stein

VII

dunkelblau ist das meer

ein pickup brachte
die flüchtenden
in die algerische wüste
irgendwohin
nirgendwo
die sonne brannte
eingefangen wurden sie
an der spanischen grenze
hohe zäune
eurosilberlinge
kassierte marokko
die staatskasse
zählte lüstern
erhängt hat sich keiner

nomadendasein

nackt entblößt irrt der mensch
im selbstgeschaffenen labyrinth
algorithmen ohne flügel
sperren seinen willen
der einstmals frei und
nun entbehrlich ist
er steigt ins boot
er ist allein
und flieht

mit dem wenigen auskommen

›wie viele dinge gibt es doch
die ich nicht brauche‹
sagte er zu sich selbst

er verließ den supermarkt
mit einer leeren
tragetasche

und wartet geduldig
bis die tafel zum
mittagstisch lädt

einheimisch

er kommt
er bleibt
noch ist mir seine nähe fremd

als einheimischer bin ich
dem fremden ein fremder
rücken an rücken

bleiben wir auf sicht
wie merkwürdig wir
einander sind

bleibst du
dann komm

abendbrot

ich setzte mich zu ihnen an den tisch
ich wollte wissen
warum diese männer zur späten stunde
hier versammelt waren
ihre sprache war mir fremd
frauen waren nicht geladen

als imbiss gab es brot und wein
ihre stimmung war getrübt
der wein tat keine wirkung
sie hörten zu und schwiegen
ohne zu verstehen

sie brachen auf
gingen ohne gruß in die nacht
die nacht war dunkel
sie blieb ohne licht

der mensch
ein schizophrenes wesen

ich steh' auf blutig
srahlt die junge frau
hat sie doch gerade den film
»the hateful 8« gesehen

sie sah:
in die augen geschossen
in den bauch geschossen
blut in die ecke gespuckt
in den hoden gefeuert
eine einzige blutorgie

auf der bühne
spielen sie wieder
den schotten »macbeth«
schocken mit blut
es fließt reichlich
durch den text

im fernsehen
zeigen sie bilder von terroristen
sie köpfen
foltern
vergewaltigen
blut in schwarzweiß

der mensch genießt
klatscht beifall und
empört sich

cooperatio ad malum

das freie gewissen hat entschieden

der dauerauftrag wurde gekündigt
(geldentzug gleich liebesentzug)
machtmissbrauch
beteiligung am bösen
schweigepirale

die stillschweigende duldung
des systemischen verbrechens
ist radikal beendet

das gewissen ist nicht mehr bedroht

VIII

unverhofft

plötzlich fällt das gedicht
ins wort ohne vorankündigung
sperr dicht nicht
lass es geschehen

kurzatmig

abgespeckt der satz
mager der buchstabe
asketisch das wort
bilder ohne leinwand
die metapher flüchtig
die poesie emigriert
keiner weiß wohin
also schreib endlich
das verlorene gedicht

gedichte ohne worte

sie las schnell
sie las unfassbar schnell
schwellender singgesang

wörter verloren ihren glanz
silben lösten sich auf
sinn zerbröselte

lesen müsse speed haben
sagte sie
da waren die ohren

längst schon taub

im park am meer

müde von der arbeit
machte er eine kurze pause
auf einer bank im park

sein kopf ruhte auf der brust
seine mütze schützte ihn
vor sonnenbrand
er schlief

keiner störte ihn
der rasen dämpfte die schritte
unbekümmert tschilpten die spatzen

deichgang

der anblick ist grandios
wohnwagen an wohnwagen
stehen in reih und glied

moderne alte gehen umher
(weißhaarig und glatzköpfig)
gestützt auf nordic-stöcken
an den füßen outdoor-sandalen
oder bunte turnschuhe
tatoos in hautfalten erkennbar

so kostümiert gehen und stolpern
sie der jugend hinterher
o je

stuhlkreis

sie sitzen in der altenstube
ein verschmitztes lächeln
auf den lippen
die weiblichkeit war erloschen
die männlichkeit war verbockt
sie sangen lieder
aus alten zeiten
ade zur guten nacht
sie winken
jetzt wird schluss gemacht

im koffer

meine von motten
zerfressenen träume
schleppe ich auf den speicher
die enkel werden sie lesen und
aus der dachluke schauen

entsagung lautlos

gebannt kniet er in
seiner mönchszelle
karg das wort
karg das bett
es klebt der mönch
an sich selbst
gedanken verneinen
das gelübde des schweigens

creatura

am anfang war das wort
und das wort wurde
in den satz gelegt
gebeugt und gebändigt

der punkt als wächter
lässt das wort nicht entkommen
das wort ist und wird sein

anfänglich

das wort ummantelt sich
versinkt ins mysterium
die transzendenz beginnt

der mensch legt sich
die muschel ans ohr
er nimmt kontakt auf

nirgendwohin

die zeit geht nirgendwohin

weder steht sie noch läuft sie
weder vor noch nach
weder durch noch gegen
weder halb noch dreiviertel
weder innerhalb noch außerhalb

nirgendwohin geht die zeit

vogelruf

er schloss sich ein in seine bibliothek
er rief die geister
die nicht kamen
er hungerte
er wäre fast verdurstet
hätte nicht ein rabe angeklopft
und das fenster aufgestoßen
er aß die speise
und so schrieb er
es war einmal

IX

der weiße jüngling

lässig sitzt das unbekannte wesen
mit überkreuzten beinen
auf dem grabstein
und spricht mit einem
verschmitzten lächeln

geh zu den menschen
und sag ihnen
es gibt nichts zu sehen
lebt das leben
ihr wisst nicht
was euch erwartet

und verschwand
eine fata morgana
aus dem morgenland

engel

schutzengel
friedensengel
todesengel

engel
ein kopf und zwei flügel
wesen ohne sein

der mensch will
ihnen nahe sein
vertraut ihnen
mehr als den göttern

der mensch
ist gefordert
engelgleich

zu handeln
und in der welt
nicht zu verzweifeln

-el

verschwunden sind meine flügel
gestutzt
abgelegt
ich trage jetzt jeans
und feste schuhe
ich geh durch die straßen
keiner kennt mich
wer bin ich
dass…

ohnmächtig

abraham müht sich durch den wüstensand
mit holz bepackt sein sohn voraus
sarah trottet murmelnd hinterher

abraham redet nicht
warum sagt er nichts

abraham fragt nicht
warum macht er den mund nicht auf

abraham flucht nicht
warum lehnt er sich nicht auf

abraham beharrt darauf
er will nicht verstehen
worin der sinn der tötung
seines sohnes liegt

abraham ist kein hiob
der sich ständig beklagt

hiob leidet nicht geduldig
er lehnt sich auf

hiob besteht darauf
dass er sinnlos leidet

abraham kriegt sein böckchen
ein menschenopfer weniger

der sohn hat nichts verstanden
sarah stieß sechs schreie aus
und starb auf der stelle

optimistisch

die leere ist eine fülle
die du nicht
ausschöpfen
kannst

in einer zisterne
findest du
asyl

ave frau maria

maria lebte zurückgezogen in einem
altenheim am see genesaret
ihr sohn verweigerte den pflegedienst
(unbekannt sein aufenthalt)

ihr josefmann den sie betrogen hatte
(gegen ihren willen wie es heißt)
zahlte seinen pflichtanteil

zu ihrem gottesmann kam ihr ein
pater noster nicht über die welken lippen
spott und hohn hatte sie genug ertragen

auf dem balkon sah sie den fischern zu
zum abendmahl bekam sie eine sardine
ein stück brot und ein glas stilles wasser

lumen *

wild stürmte er durchs leben
verjagte zweifel und ängste
mit windigen dämonen

ins kreisende licht
ließ er sich fallen
tief in die endlichkeit

* Zum einem Bild von H. Bosch:
»Der Aufstieg ins himmlische Paradies«

auf der wartburg

erschrocken voller furcht
warf martin das tintenfass
heftig gegen die wand

der teufel grinste
ließ nicht ab von seiner seele
chimären und dämonen
kräuselten sein gedärm

ungerechtfertigt starb martin
seine seele enteilte

traumhafte stille

*»die stille ist gottes muttersprache« **
der dies schrieb
war in der stille
die sprache erlernte er nicht
sie war ohne worte
so hörte er
n i c h t s

* CiG 11.11.2018

wunderlich

imaginieren phantasieren
ein mirakel erscheint am horizont
künde es den menschen
sie glauben und werden
auf pilgerschaft gehen
lichterkerzen zeugen von
ihrer willenskraft

in der moschee

I

nach jedem gebet hielt er
die hände vors gesicht
fürchtete er doch
allah könnte ihm das gebet
um die ohren schlagen

zwischen zwei fingern
wagte er einen blick
und flüsterte inwendig
erhörst du nicht mein gebet
spreche ich es nicht mehr

II

dazu habe ich die welt
nicht gemacht
dass du mich
erkennen willst

III

er zog die schuhe an
und ging hinaus

kennen lernen

ich will gottes gedanken kennen
der rest ist nebensache *

er machte sich auf die suche
nach den resten
versuchte sie zusammen zu setzen
das ganze wollte er begreifen
er wollte es durchdringen

sein leben war endlich
bevor er erkannte

* Albert Einstein

an sich ohne ansicht

mir kann doch niemals ein Ding
anders als in der
Erscheinung vorkommen
Kant

lass das fragen
die dinge sind
wie sie sind
mehr musst du
über sie nicht wissen

universum

e w i g
n i e
e n t s t a n d e n

galaxien
verschmelzen
miteinander
milliarden
sterne
ohne
endlichkeit

e w i g
n i e
e n t s t a n d e n

Inhaltsverzeichnis

VII

VIII

IX